Impressum
Verlag: BABADADA GmbH, Nedderfeld 112 , 22529 Hamburg
Geschäftsführer / Verlagsleitung: Harald Hof
Druck: Books on Demand GmbH, In de Tarpen 42, 22848 Norderstedt

Imprint
Publisher: BABADADA GmbH, Nedderfeld 112 , 22529 Hamburg, Germany
Managing Director / Publishing direction: Harald Hof
Print: Books on Demand GmbH, In de Tarpen 42, 22848 Norderstedt

de School

l'école

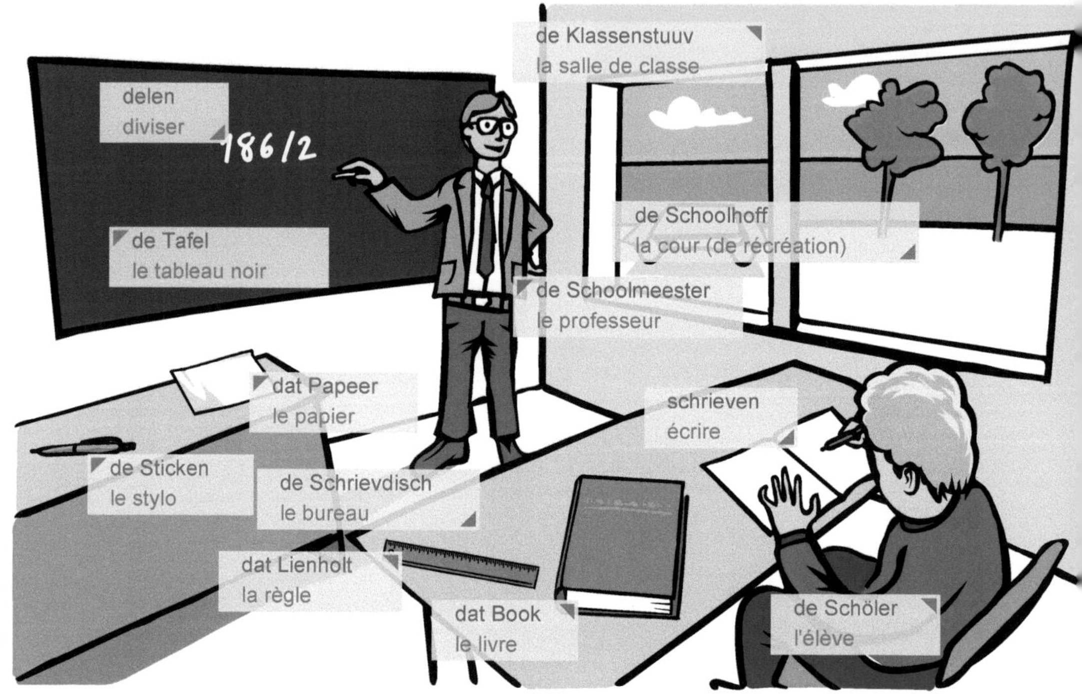

de Klassenstuuv
la salle de classe
delen
diviser
186/2
de Tafel
le tableau noir
de Schoolhoff
la cour (de récréation)
de Schoolmeester
le professeur
dat Papeer
le papier
schrieven
écrire
de Sticken
le stylo
de Schrievdisch
le bureau
dat Lienholt
la règle
dat Book
le livre
de Schöler
l'élève

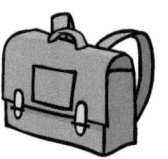

de Ranzel

le cartable

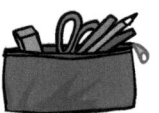

de Feddermapp

la trousse

de Bleesticken

le crayon

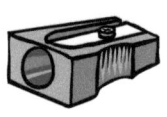

de Scharpmaker

le taille-crayon

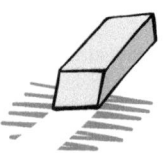

dat Radeergummi

la gomme

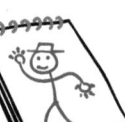

de Tekenblock

le carnet à dessin

de Teken

le dessin

de Pinsel

le pinceau

de Malkassen

la boîte de peinture

de Scheer

les ciseaux

de Klever

la colle

dat Heft to'n Öven

le cahier d'exercices

de Huusopgaav

les devoirs

de Tall

le chiffre

tohooptellen

additionner

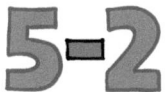

aftrecken

soustraire

malnehmen

multiplier

reken

calculer

de Bookstaav

la lettre

dat ABC

l'alphabet

dat Woort

le mot

de Text

le texte

lesen

lire

de Kried

la craie

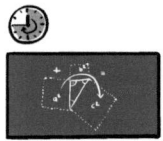

de Stunn

la leçon

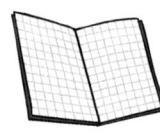

dat Klassenbook

le livre de classe

de Pröven

l'examen

dat Tüügnis

le certificat

de Schooluniform

l'uniforme scolaire

de Utbillen

la formation

dat Nakieksel

le lexique

de Universität

l'université

dat Mikroskop

le microscope

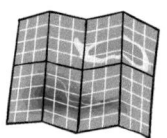

de Koort

la carte

de Papeerkorf

la corbeille à papier

de Törn

le voyage

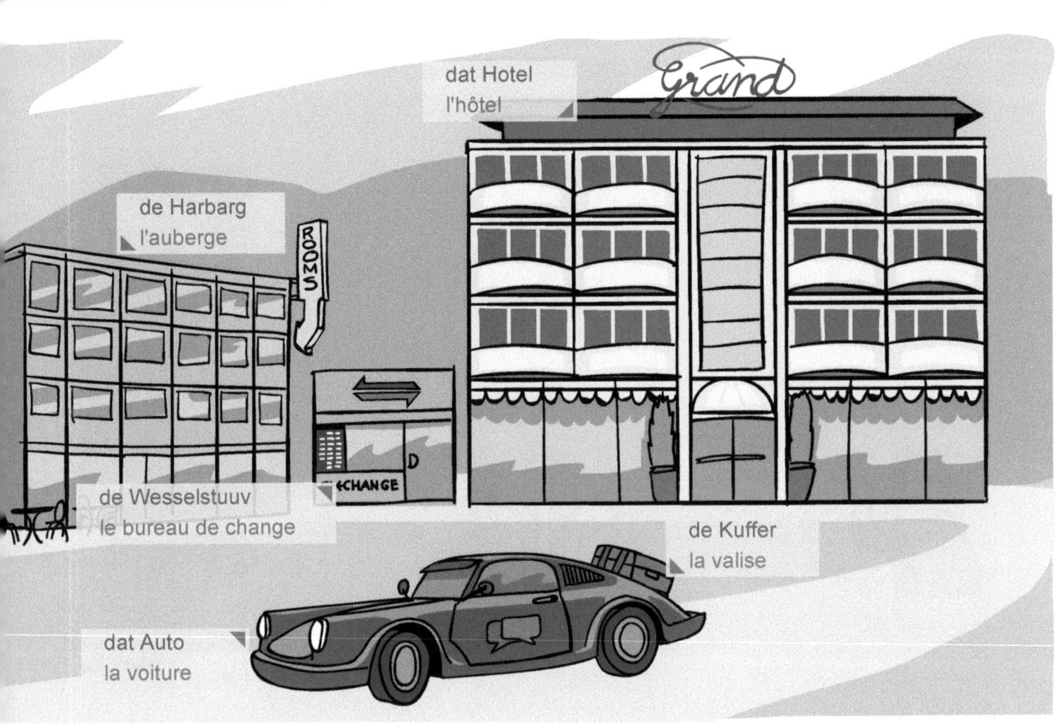
Grand
dat Hotel
l'hôtel
de Harbarg
l'auberge
ROOMS
de Wesselstuuv
le bureau de change
CHANGE
de Kuffer
la valise
dat Auto
la voiture

de Spraak

la langue

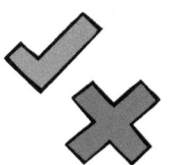

jo / ne

oui / non

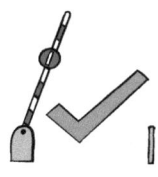

Jo

d'accord

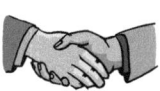

Moin

Salut

de Översetter

l'interprète

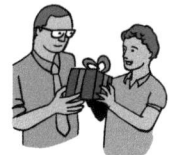

Dank ok

merci

Wat kost...?

Combien coûte...?

Ik verstah nich

Je ne comprends pas

dat Problem

le problème

Goden Avend

Bonsoir !

Moin!

Bonjour !

Gode Nacht!

Bonne nuit !

Tschüüs

Au revoir

de Richt

la direction

de Bagaasch

les bagages

de Tasch

le sac

de Rüchsack

le sac-à-dos

de Gast

l'hôte

de Stuuv

la pièce

de Slaapsack

le sac de couchage

dat Telt

la tente

e Touristeninformatschoon

l'office de tourisme

de Strand

la plage

de Kreditkoort

la carte de crédit

dat Fröhstück

le petit-déjeuner

dat Meddageten

le déjeuner

dat Avendeten

le dîner

de Fohrkort

le billet

de Fohrstohl

l'ascenseur

de Breefmark

le timbre

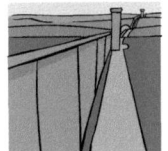

de Grenz

la frontière

de Toll

la douane

de Bottschop

l'ambassade

dat Visum

le visa

de Pass

le passeport

de Transport

le transport

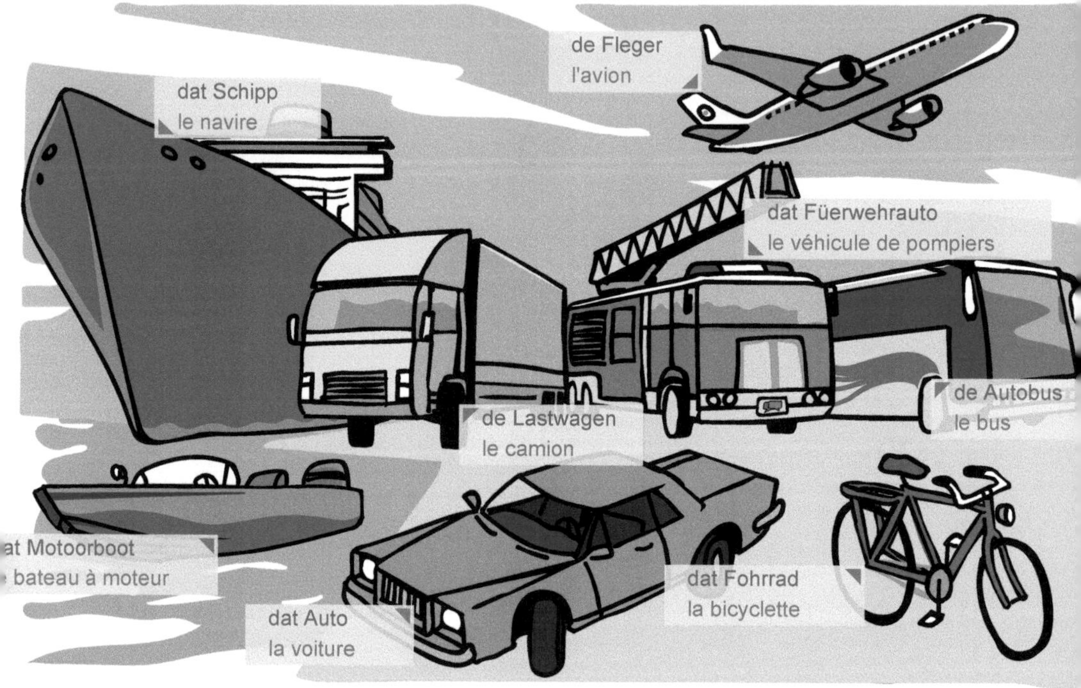

de Fleger
l'avion
dat Schipp
le navire
dat Füerwehrauto
le véhicule de pompiers
de Autobus
le bus
de Lastwagen
le camion
at Motoorboot
bateau à moteur
dat Fohrrad
la bicyclette
dat Auto
la voiture

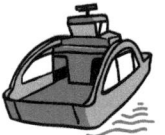

de Fähr

le ferry

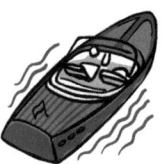

dat Boot

la barque

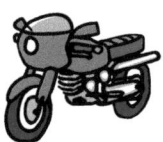

dat Motoorrad

la moto

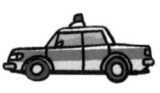

dat Polizeiauto

la voiture de police

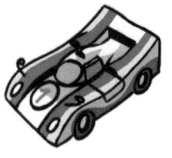

dat Rönnauto

la voiture de course

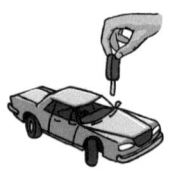

de Lehnwagen

la voiture de location

dat Carsharing

l'auto-partage

de Afsleepwagen

la voiture de remorquage

dat Müllauto

la benne à ordures

de Motoor

le moteur

de Kraftstoff

l'essence

de Tanksteed

la station d'essence

dat Verkehrsschild

le panneau indicateur

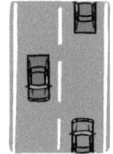

de Verkehr

le trafic

de Stau

l'embouteillage

de Afstellplatz

le parking

de Bahnhoff

la gare

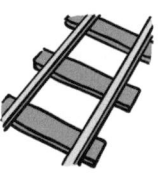

de Sporen

les rails

de Tog

le train

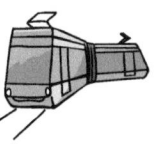

de Stratenbahn

le tramway

de Wagon

le wagon

de Dwarsmöhl

l'hélicoptère

de Flooghaven

l'aéroport

de Tower

la tour

de Fohrgast

le passager

de Grootkist

le conteneur

de Karton

le carton

de Koor

le chariot

de Korf

la corbeille

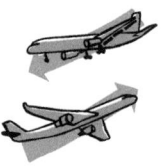

starten / lannen

décoller / atterrir

de Stadt

la ville

dat Dörp

le village

de Binnenstadt

le centre-ville

dat Huus

la maison

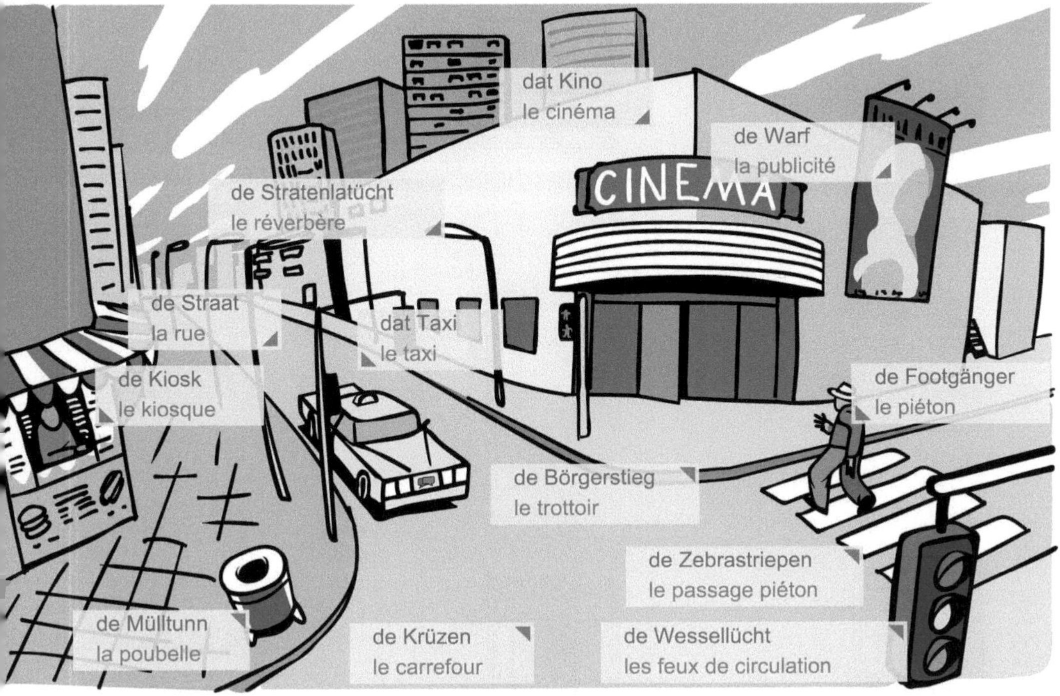
dat Kino
le cinéma
CINEMA
de Warf
la publicité
de Stratenlatücht
le réverbère
de Straat
la rue
dat Taxi
le taxi
de Kiosk
le kiosque
de Footgänger
le piéton
de Börgerstieg
le trottoir
de Zebrastriepen
le passage piéton
de Mülltunn
la poubelle
de Krüzen
le carrefour
de Wessellücht
les feux de circulation

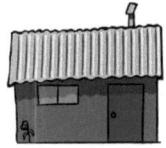

de Hütt

la cabane

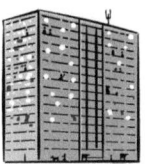

de Wahnung

l'appartement

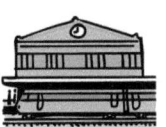

de Bahnhoff

la gare

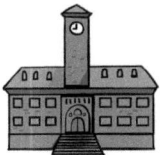

dat Raathuus

la mairie

MUSEUM

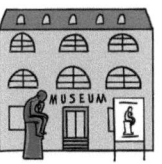

dat Museum

le musée

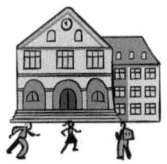

de School

l'école

de Universität

l'université

de Bank

la banque

dat Krankenhuus

l'hôpital

dat Hotel

l'hôtel

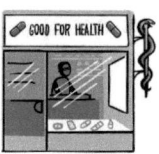

de Afteek

la pharmacie

dat Büro

le bureau

de Bookhökerie

la librairie

de Hökerie

le magasin

de Blomenhökerie

le fleuriste

de Supermarkt

le supermarché

de Markt

le marché

dat Koophuus

le grand magasin

de Fischhökerie

la poissonnerie

dat Inkoopszentrum

le centre commercial

de Haven

le port

de Parkanlaag

le parc

de Bank

la banque

de Brüch

le pont

de Trepp

les escaliers

de Ünnergrundbahn

le métro

de Tunnel

le tunnel

de Busstoppsteed

l'arrêt de bus

de Bar

le bar

dat Spieslokal

le restaurant

de Breefkassen

la boîte à lettres

dat Stratenschild

le panneau indicateur

de Parkklock

le parcmètre

de Deertenpark

le zoo

de Baadanstalt

le réverbère

de Moschee

la mosquée

de Stadt - la ville

de Buernhoff

la ferme

de Ümweltversmudden

la pollution

de Karkhoff

la cimetière

de Kark

l'église

de Speelplatz

l'aire de jeux

de Tempel

le temple

de Landschop

le paysage

dat Blatt
la feuille

de Wiespahl
le panneau indicateur

de Weg
le chemin

de Wisch
le pré

de Steen
la pierre

de Wannerer
le randonneur

de Boom
l'arbre

de Fluss
la rivière

dat Gras
l'herbe

de Bloom
la fleur

dat Daal

la vallée

de Barg

la montagne

de See

le lac

dat Holt

la forêt

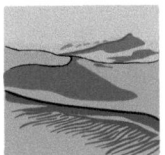

de Wööst

le désert

de Füerspien Barg

le volcan

dat Slott

le château

de Regenbagen

l'arc-en-ciel

de Poggenstohl

le champignon

de Palm

le palmier

de Steekmück

le moustique

de Fleeg

la mouche

de Miegeemk

les fourmis

de Imm

l'abeille

de Spinn

l'araignée

de Sebber

le coléoptère

de Pogg

la grenouille

de Katteker

l'écureuil

de Swienegel

le hérisson

de Haas

le lièvre

de Uul

la chouette

de Vagel

l'oiseau

de Swaan

le cygne

dat Wildswien

le sanglier

de Hirsch

le cerf

de Elk

l'élan

de Staudamm

le barrage

dat Windrad

l'éolienne

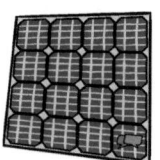

dat Solarmodul

le panneau solaire

dat Klima

le climat

dat Spieslokal
le restaurant

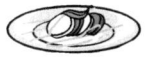

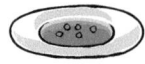

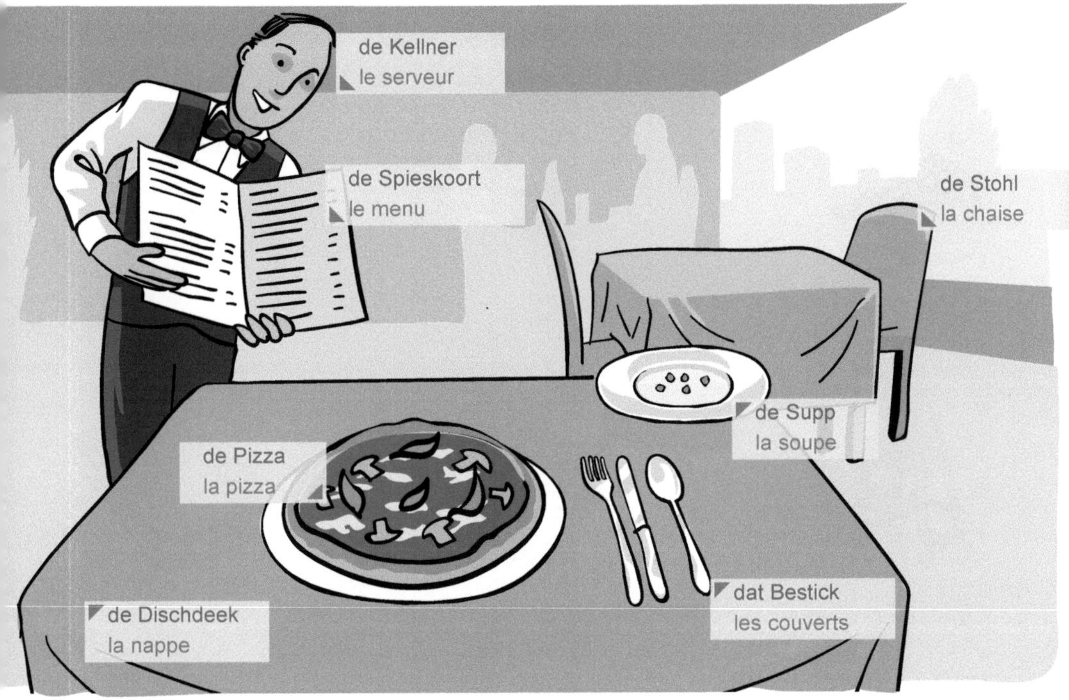

de Kellner
le serveur
de Spieskoort
le menu
de Stohl
la chaise
de Supp
la soupe
de Pizza
la pizza
dat Bestick
les couverts
de Dischdeek
la nappe

de Vörspies

les hors d'œuvre

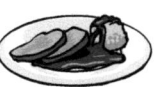

dat Haupteten

le plat principal

de Nadisch

le dessert

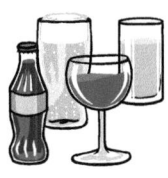

de Drünk

les boissons

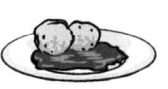

dat Eten

l'alimentation

de Buddel

la bouteille

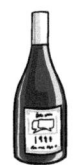

dat Fastfood

le fast-food

dat Strateneten

les plats à emporter

de Teekann

la théière

de Zuckerdoos

le sucrier

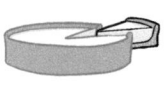

de Portschoon

la portion

de Espressomaschien

la machine à expresso

de Hoochstohl

la chaise haute

de Reken

la facture

dat Tablett

le plateau

dat Mess

le couteau

de Gavel

la fourchette

de Lepel

la cuillère

de Teelepel

la cuillère à thé

dat Munddook

la serviette

dat Glas

le verre

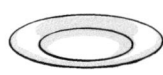

de Töller

l'assiette

de Suppentöller

l'assiette à soupe

de Ünnertass

la soucoupe

de Sooß

la sauce

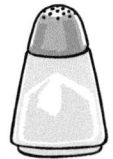

de Soltstreuer

la salière

de Pepermöhl

le moulin à poivre

de Etig

le vinaigre

dat Ööl

l'huile

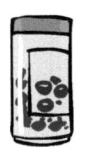

de Krüder

les épices

de Ketchup

le ketchup

de Mostrich

la moutarde

de Mayonnaise

la mayonnaise

de Supermarkt
le supermarché

dat Anbott
l'offre promotionnelle
FOR
de Kunn
le client
de Melkprodukten
les produits laitiers
dat Aaft
les fruits
de Inkoopswagen
le chariot

BUTCHERS

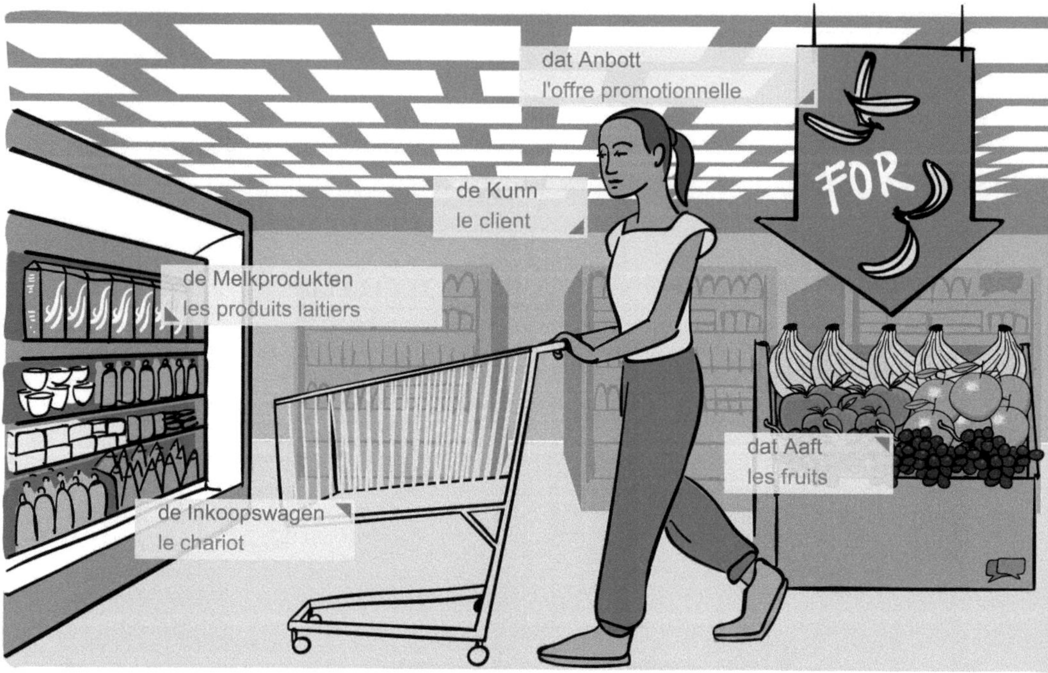

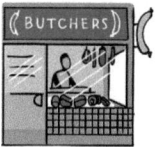

de Slachterie

la boucherie

BAKERY

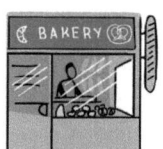

de Bäckerie

la boulangerie

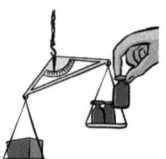

wegen

peser

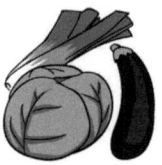

de Gröönsaken

les légumes

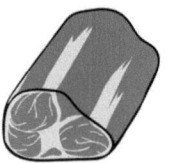

dat Fleesch

la viande

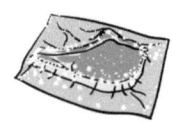

de Deepköhlkost

les aliments surgelés

de Opsnitt

la charcuterie

de Konserven

les conserves

de Waschmiddel

la poudre à lessive

de Snoopkraam

les bonbons

de Huushooltssaken

les articles ménagers

de Reinmaaktüüch

les détergents

de Verköpersche

la vendeuse

de Kass

la caisse

de Kasserer

le caissier

de Inkoopslist

la liste d'achats

de Opsparrtieden

les heures d'ouverture

de Breeftasch

le portefeuille

de Kreditkoort

la carte de crédit

de Tasch

le sac

de Plastiktüüt

le sac en plastique

dat Water

l'eau

de Saft

le jus de fruit

de Melk

le lait

de Cola

le coca

de Wien

le vin

dat Beer

la bière

de Spriet

l'alcool

de Kakao

le chocolat chaud

de Tee

le thé

de Koffie

le café

de Espresso

l'expresso

de Cappucino

le cappuccino

de Banaan

la banane

de Appel

la pomme

de Appelsien

l'orange

de Meloon

le melon

de Zitroon

le citron.

de Wöttel

la carotte

de Knuuvlook

l'ail

de Bambus

le bambou

de Zibbel

l'oignon

de Poggenstohl

le champignon

de Nööt

les noisettes

de Nudeln

les pâtes

de Spaghetti

les spaghetti

de Ries

le riz

de Salat

la salade

de Pommes frites

les pommes frites

de Braadkantüffeln

les pommes de terre rôties

de Pizza

la pizza

de Hamborger

le hamburger

dat Sandwich

le sandwich

dat Snitzel

l'escalope

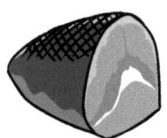

de Schinken

le jambon

de Salami

le salami

de Wust

la saucisse

dat Hohn

le poulet

de Braden

le rôti

de Fisch

le poisson

de Haverflocken

les flocons d'avoine

dat Müsli

le muesli

de Cornflakes

les cornflakes

dat Mehl

la farine

de Croissant

le croissant

dat Rundstück

les petits-pains

dat Broot

le pain

dat Toast

le pain grillé

de Keksen

les biscuits

de Botter

le beurre

de Quark

le fromage blanc

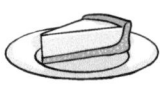

de Koken

le gâteau

dat Ei

l'œuf

dat Spegelei

l'œuf au plat

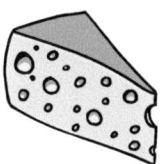

de Kees

le fromage

de Ies
....
la glace

de Zucker
....
le sucre

de Honnig
....
le miel

de Marmelaad
....
la confiture

de Nougat-Creme
....
la crème nougat

dat Curry
....
le curry

de Buernhoff

la ferme

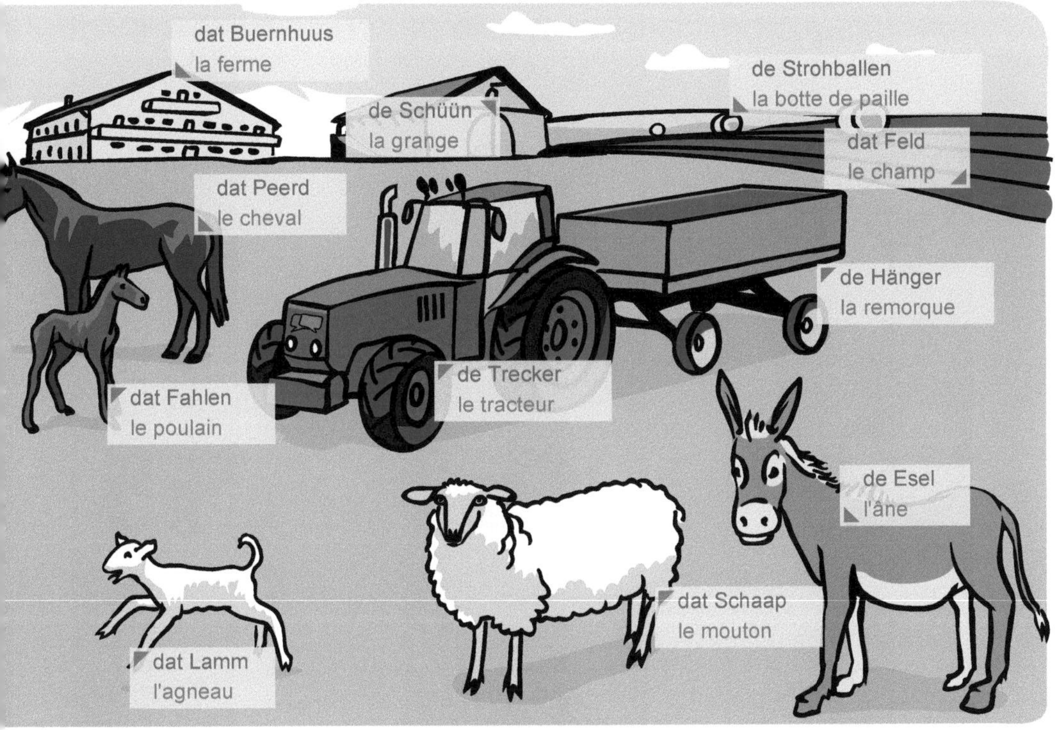
dat Buernhuus
la ferme
de Schüün
la grange
de Strohballen
la botte de paille
dat Feld
le champ
dat Peerd
le cheval
de Hänger
la remorque
de Trecker
le tracteur
dat Fahlen
le poulain
de Esel
l'âne
dat Schaap
le mouton
dat Lamm
l'agneau

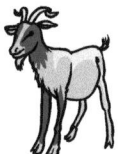

de Zeeg

la chèvre

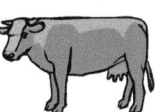

de Koh

la vache

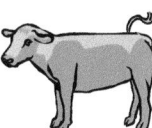

dat Kalf

le veau

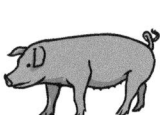

dat Swien

le porc

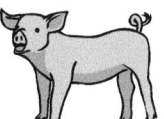

dat Farken

le porcelet

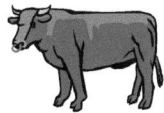

de Bull

le taureau

de Goos

l'oie

de Aant

le canard

dat Küken

le poussin

dat Hohn

la poule

de Hahn

le coq

de Rott

le rat

de Katt

le chat

de Muus

la souris

de Oss

le bœuf

de Hund

le chien

de Hunnenhütt

le chenil

de Goornslauch

le tuyau de jardin

de Geetkann

l'arrosoir

de Lee

la faucheuse

de Ploog

la charrue

de Sich

la faucille

de Hack

la pioche

de Mestfork

la fourche

de Ext

la hache

de Schuufkoor

la brouette

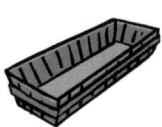

de Trog

la cuve

de Melkkann

le pot à lait

de Sack

le sac

de Tuun

la clôture

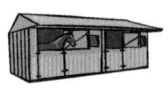

de Stall

l'étable

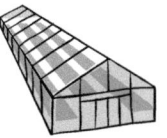

dat Drievhuus

le serre

de Bodden

le sol

de Saat

les semences

de Dünger

l'engrais

de Meihdöscher

la moissonneuse-batteuse

oornen

récolter

de Oorn

la récolte

de Yamswöttel

l'igname

de Weten

le blé

dat Soja

le soja

de Kantüffel

la pomme de terre

de Törksche Weten

le maïs

de Rapp

le colza

de Aaftboom

l'arbre fruitier

de Troopsch Kantüffel

le manioc

dat Koorn

les céréales

dat Huus
la maison

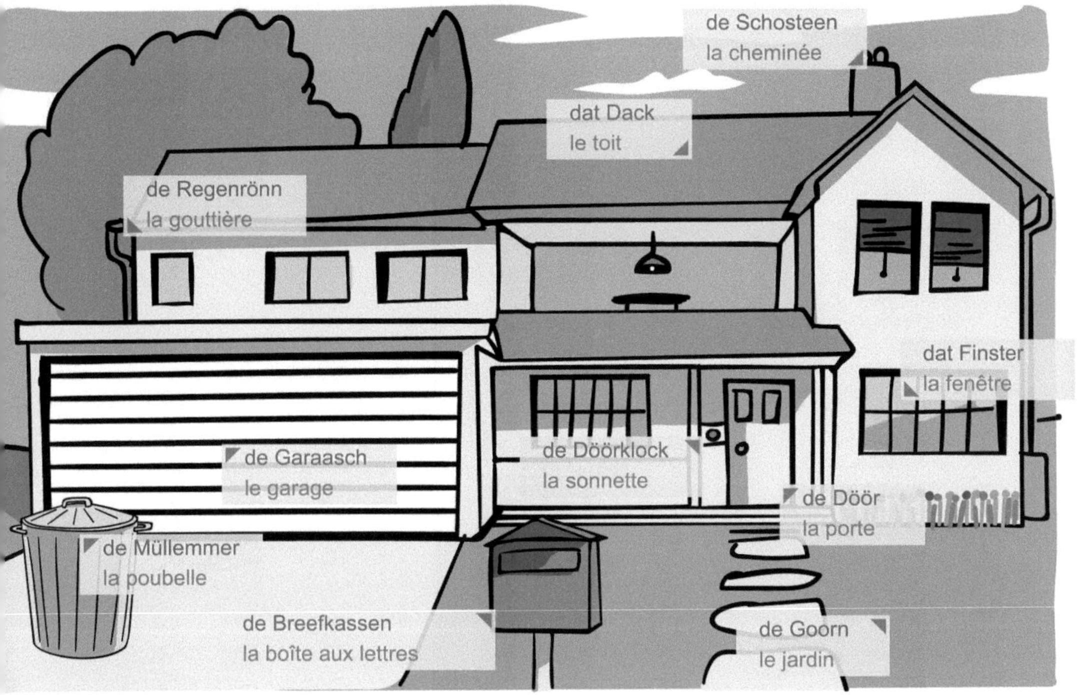

de Schosteen
la cheminée
dat Dack
le toit
de Regenrönn
la gouttière
dat Finster
la fenêtre
de Garaasch
le garage
de Döörklock
la sonnette
de Döör
la porte
de Müllemmer
la poubelle
de Breefkassen
la boîte aux lettres
de Goorn
le jardin

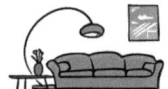

de Wahnstuuv

le salon

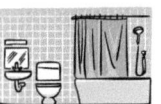

de Baadstuuv

la salle de bain

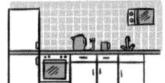

de Köök

la cuisine

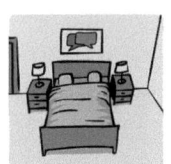

de Slaapstuuv

la chambre à coucher

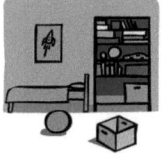

de Kinnerstuuv

la chambre d'enfant

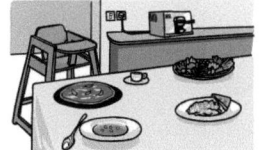

de Eetstuuv

la salle à manger

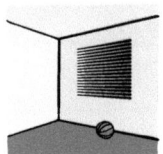

de Footbodden

le sol

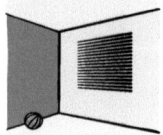

de Wand

le mur

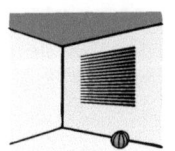

de Deek

le plafond

de Keller

la cave

dat Hittluftbad

le sauna

de Balkon

le balcon

de Terrass

la terrasse

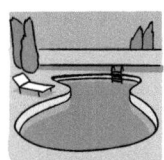

dat Swümmbad

la piscine

de Rasenmeiher

la tondeuse à gazon

de Bettbetog

la housse

de Bettdeek

la couette

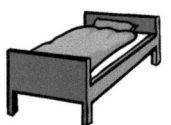

de Puuch

le lit

de Bessen

le balai

de Emmer

le sceau

de Schalter

l'interrupteur

de Wahnstuuv

le salon

de Tapeet
le papier peint
dat Bild
l'image
de Lamp
la lampe
dat Regal
l'étagère
dat Schapp
l'armoire
de Kiekkassen
la télé
de Kamin
la cheminée
de Bloom
la fleur
dat Küssen
le coussin
dat Sofa
le sofa
de Vaas
le vase
de Feernbedenen
la télécommande

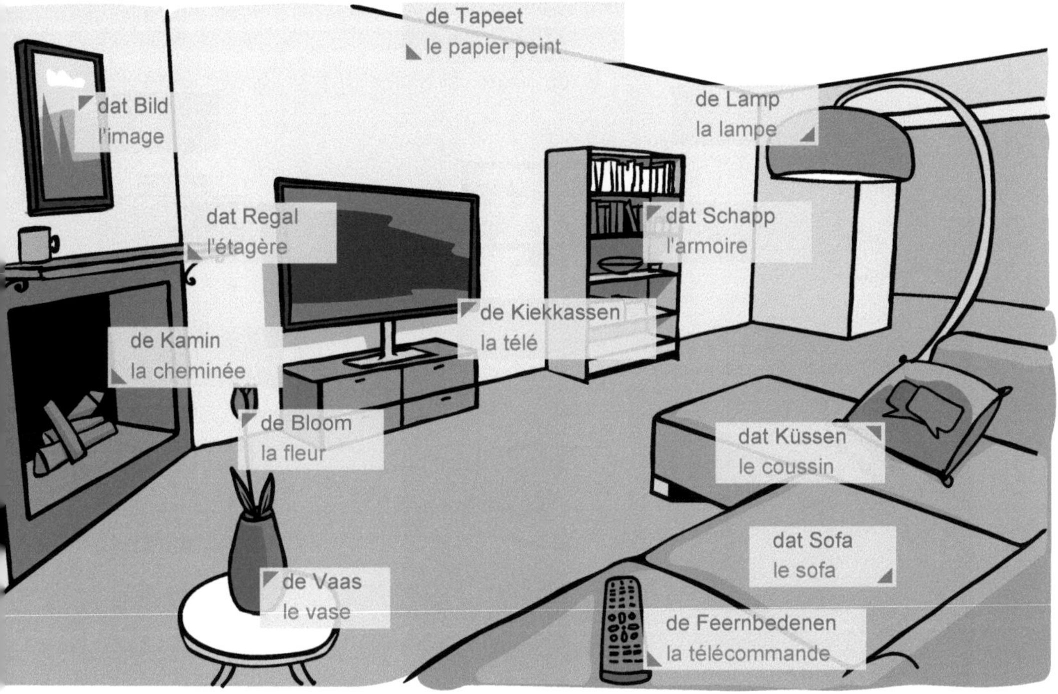

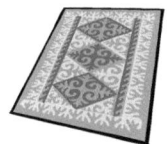

de Teppich

le tapis

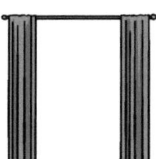

de Vörhang

le rideau

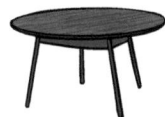

de Disch

la table

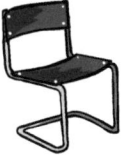

de Stohl

la chaise

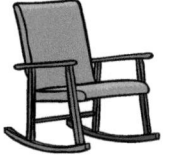

de Schuckelstohl

la chaise à bascule

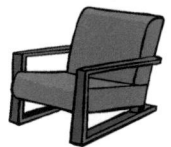

de Sessel

le fauteuil

dat Book

le livre

de Deek

la couverture

de Dekoratschoon

la décoration

dat Füerholt

le bois de chauffage

de Film

le film

de Stereoanlaag

la chaîne hi-fi

de Slötel

la clé

dat Narichtenblatt

le journal

dat Gemälde

la peinture

dat Poster

le poster

dat Radio

la radio

de Opschrievblock

le bloc-notes

de Huulbessen

l'aspirateur

de Kaktus

le cactus

de Kars

la bougie

de Köök
la cuisine

dat Köhlschapp
le réfrigérateur
de Mikrowell
le four à micro-ondes
de Kökenwaag
la balance de cuisine
de Toaster
le grille-pain
dat Reinmaakmiddel
le détergent
de Backaven
le four
dat Gefreerfack
le compartiment congélateur
de Müllemmer
la poubelle
de Opwaschmaschien
le lave-vaisselle

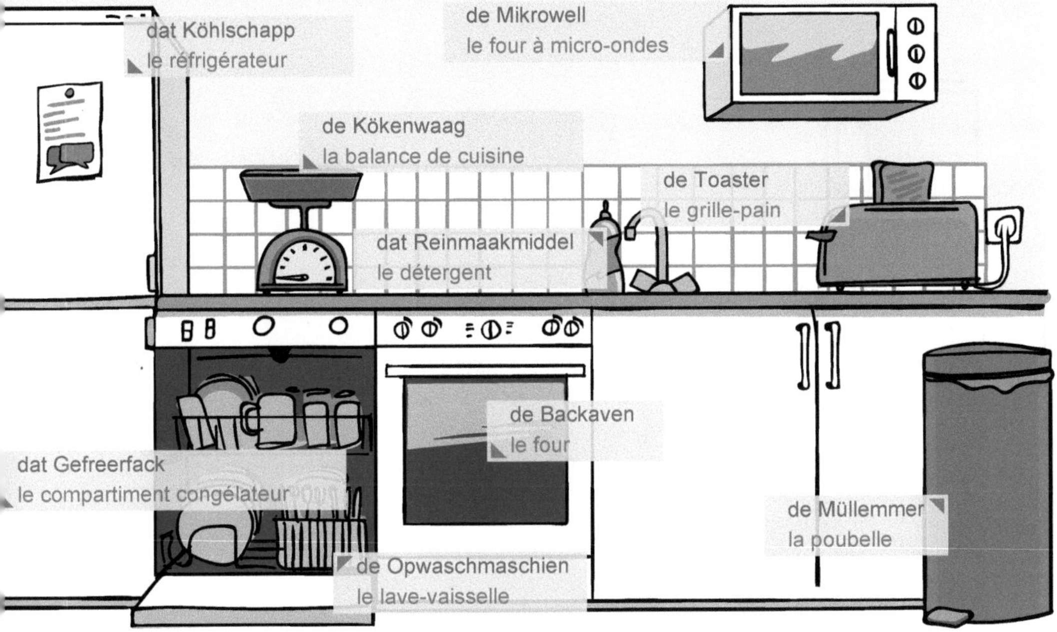

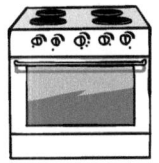

de Heerd
le four

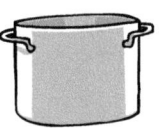

de Pott
la casserole

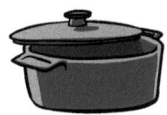

de Gussiesern Putt
la marmite

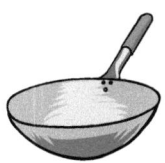

de Wok / Kadai
le wok / kadai

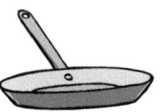

de Pann
la poêle

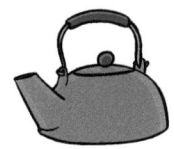

de Waterkaker
la bouilloire electrique

de Dampkaakputt

le cuiseur vapeur

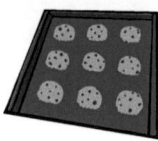

dat Backblick

la plaque de cuisson

dat Geschirr

la vaisselle

de Beker

le gobelet

de Schaal

la coupe

de Eetsticken

les baguettes

de Suppenkell

la louche

de Pannenwenner

la spatule

de Sneebessen

le fouet

dat Kaakseef

la passoire

dat Seef

le tamis

de Riev

la râpe

de Mörser

le mortier

de Grill

le barbecue

de Füerstell

la cheminée

dat Sniedbrett

la planche à découper

dat Nudelholt

le rouleau à pâtisserie

de Proppentrecker

le tire-bouchon

de Doos

la boîte

de Dosenaapner

l'ouvre-boîte

de Pottlappen

les maniques

dat Waschbecken

le lavabo

de Böst

la brosse

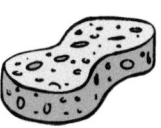

de Swamm

l'éponge

de Mixer

le mixeur

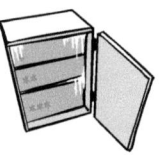

dat Iesschapp

le congélateur

de Nuckelbuddel

le biberon

de Waterhahn

le robinet

de Baadstuuv
la salle de bain

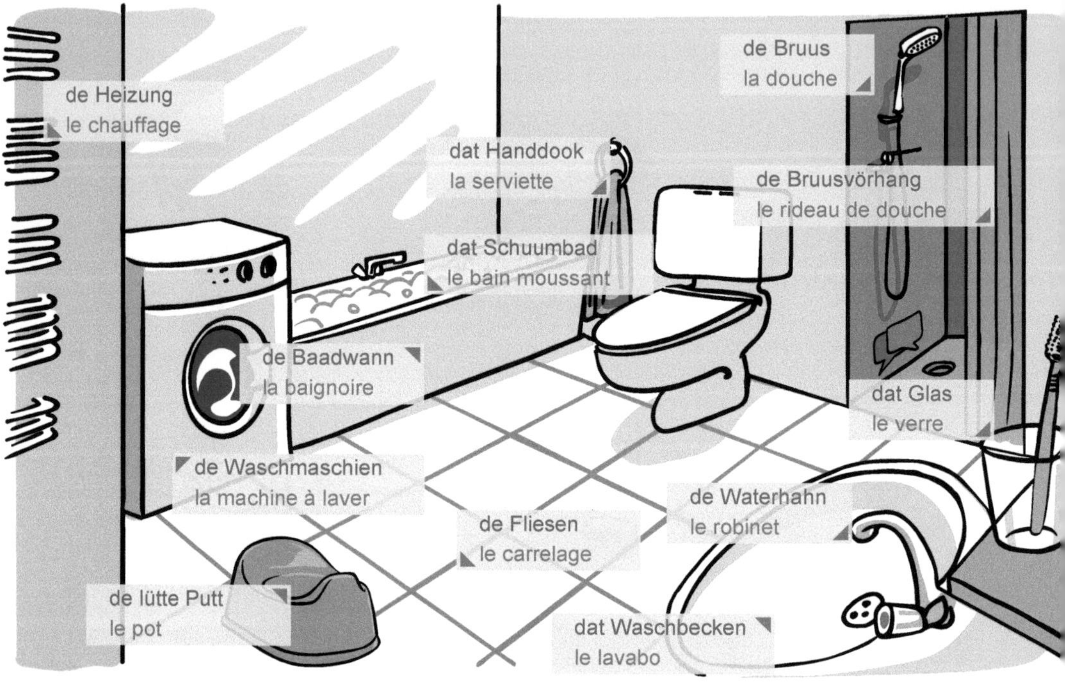

de Heizung
le chauffage

de Bruus
la douche

dat Handdook
la serviette

de Bruusvörhang
le rideau de douche

dat Schuumbad
le bain moussant

de Baadwann
la baignoire

dat Glas
le verre

de Waschmaschien
la machine à laver

de Waterhahn
le robinet

de Fliesen
le carrelage

de lütte Putt
le pot

dat Waschbecken
le lavabo

de Tante Meier

les toilettes

de Hockklo

la toilette à la turque

dat Bidet

le bidet

dat Miegbecken

l'urinoir

dat Klopapeer

le papier toilette

de Kloböst

la brosse à toilette

de Tähnböst

la brosse à dents

de Tähnpast

le dentifrice

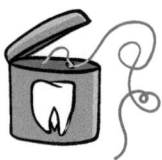

de Tähnsied

le fil dentaire

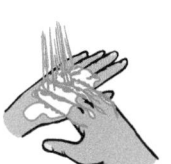

waschen

laver

de Handbruus

la douche manuelle

de Intimbruus

la douche intime

de Waschschöttel

la vasque

de Rüchböst

la brosse dorsale

de Seep

le savon

dat Bruusgeel

le gel douche

dat Hoorwaschmiddel

le shampooing

de Waschlappen

le gant de toilette

de Afloop

l'écoulement

de Creme

la crème

dat Deodorant

le déodorant

de Spegel

le miroir

de Kosmetikspegel

le miroir cosmétique

de Raserer

le rasoir

de Raseerschuum

la mousse à raser

dat Raseerwater

l'après-rasage

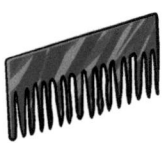

de Kamm

la peigne

de Böst

la brosse

de Hoordröger

le sèche-cheveux

dat Hoorspray

la laque pour cheveux

de Smink

le fond de teint

de Lippensticken

le rouge à lèvres

de Nagellack

le vernis à ongles

de Watt

l'ouate

de Nagelscheer

le coupe-ongles

dat Rüükwater

le parfum

de Kulturbüdel

la trousse de toilette

de Schemel

le tabouret

de Waag

le pèse-personne

de Baadmantel

le peignoir

de Gummihanschen

les gants de nettoyage

de Tampon

le tampon

de Damenbinn

es serviettes hygiéniques

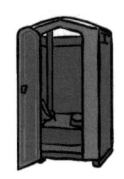

dat Chemieklo

la toilette chimique

de Kinnerstuuv

la chambre d'enfant

de Wecker
le réveil
dat Knudeldeert
le doudou
dat Speeltüüchauto
la voiture jouet
de Klöter
le hochet
dat Poppenhuus
la maison de poupée
dat Geschenk
le cadeau

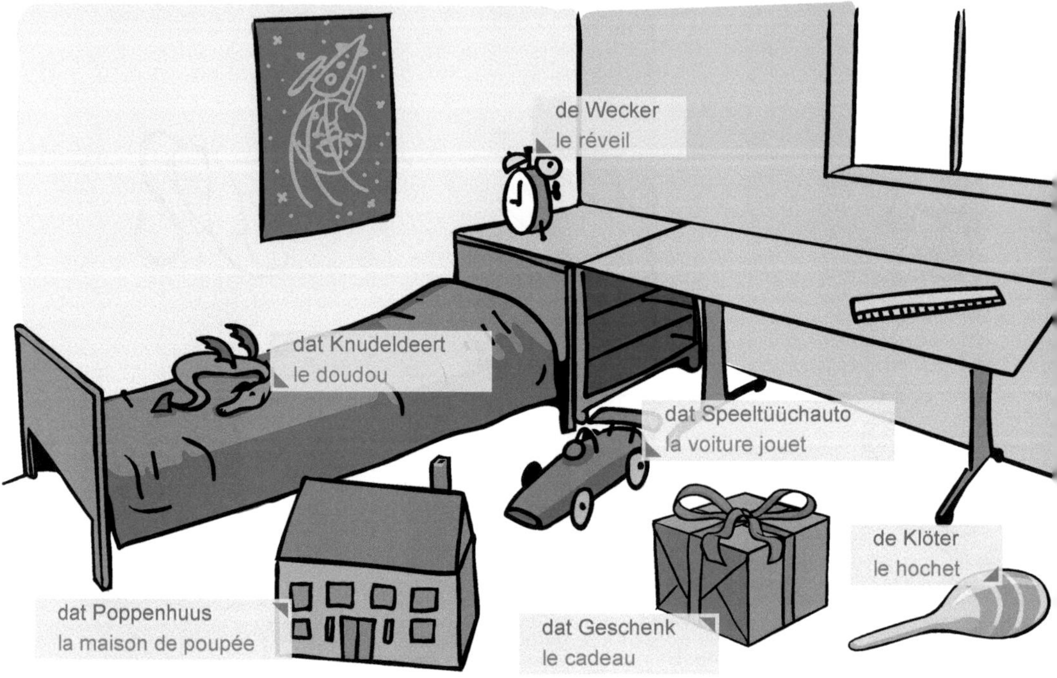

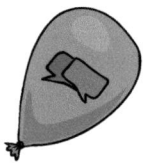

de Luftballon

le ballon

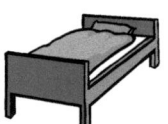

de Puuch

le lit

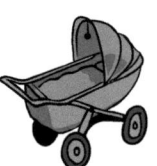

de Kinnerwagen

la poussette

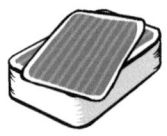

dat Koortenspeel

le jeu de cartes

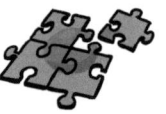

dat Puzzle

le puzzle

SUPER MEGA

de Billergeschicht

la bande dessinée

de Legostenen

les pièces lego

de Bustenen

les blocs de construction

de Action-Figur

la figurine

de Strampelantog

la grenouillère

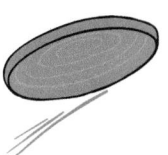

de Frisbeeschiev

le frisbee

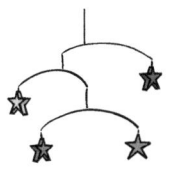

dat Mobile

le mobile

dat Brettspeel

le jeu de société

de Wörpel

le dé

de Modelliesenbahn

le train miniature

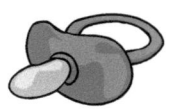

de Snuller

la sucette

de Party

la fête

dat Billerbook

le livre d'images

de Ball

la balle

de Popp

la poupée

spelen

jouer

de Sandkassen

le bac à sable

de Schuckel

la balançoire

dat Speeltüüch

les jouets

de Speelkonsool

la console de jeu

dat Dreerad

le tricycle

de Teddyboor

l'ours en peluche

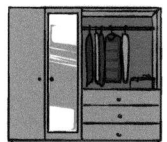

dat Klederschapp

l'armoire

dat Tüüch

les vêtements

de Socken

les chaussettes

de Strümp

les bas

de Strumpbüx

le collant

dat Halsdook
l'écharpe

de Paraplü
le parapluie

dat T-Shirt
le t-shirt

de Liefreem
la ceinture

de Stevel
les bottes

de Puuschen
les pantoufles

de Turnschoh
les baskets

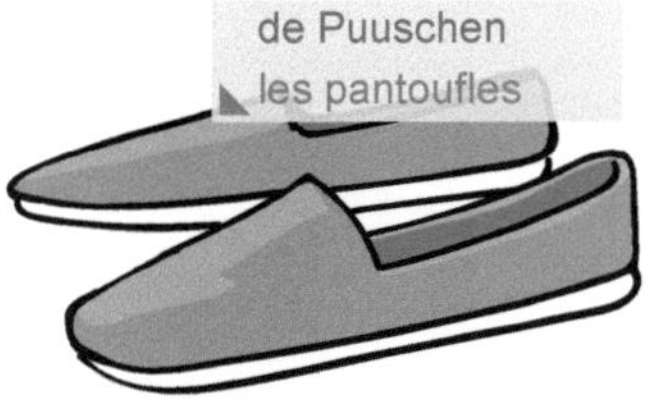

de Sandalen
les sandales

de Schoh
les chaussures

de Gummistevel
les bottes de caoutchouc

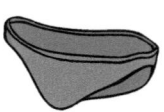
de Ünnerbüx
les sous-vêtements

de Bostholler
le soutien-gorge

dat Ünnerhemd
le maillot de corps

de Lief
le body

de Büx
le pantalon

de Jeansnüx
le jean

de Rock
la jupe

de Bluus
le chemisier

dat Hemd
la chemise

de Pullover
le pull

de Kapuzenpullover
le sweat à capuche

de Blazer
la veste

de Jack
la veste

de Mantel
le manteau

de Övertrecker
l'imperméable

dat Kostüm
le costume

dat Kleed
la robe

dat Hochtietskleed
la robe de mariée

de Antog

le costume

dat Nachtkleed

la chemise de nuit

de Slaapantog

le pyjama

de Sari

le sari

dat Koppdook

le foulard

de Turban

le turban

de Burka

la burqa

de Kaftan

le caftan

de Abaya

l'abaya

de Baadantog

le maillot de bain

de Baadbüx

le maillot de bain

de Korte Büx

le short

de Antog to'n Öven

la tenue d'entraînement

de Schört

le tablier

de Handschoh

les gants

de Knopp

le bouton

de Brill

les lunettes

dat Armband

le bracelet

de Halskeed

le collier

de Ring

la bague

de Ohrbummel

la boucle d'oreille

de Mütz

le bonnet

de Klederbögel

le cintre

de Hoot

le chapeau

de Binner

la cravate

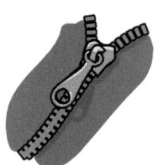

de Rietslüter

la fermeture éclair

de Helm

le casque

dat Drachtband

les bretelles

de Schooluniform

l'uniforme scolaire

de Uniform

l'uniforme

dat Tüüch - **les vêtements**

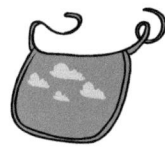

de Severböten

le bavoir

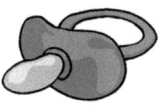

de Snuller

la sucette

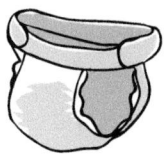

de Winnel

la lange

dat Büro

le bureau

de Server
le serveur
dat Aktenschapp
l'armoire d'archivage
de Drucker
l'imprimante
Papeer
papier
de Bildschirm
l'écran
de Muus
la souris
de Schrievdisch
le bureau
de Orner
le classeur
dat Knoopboord
le clavier
de Papeerkorf
la corbeille à papier
de Computer
l'ordinateur
de Stohl
la chaise

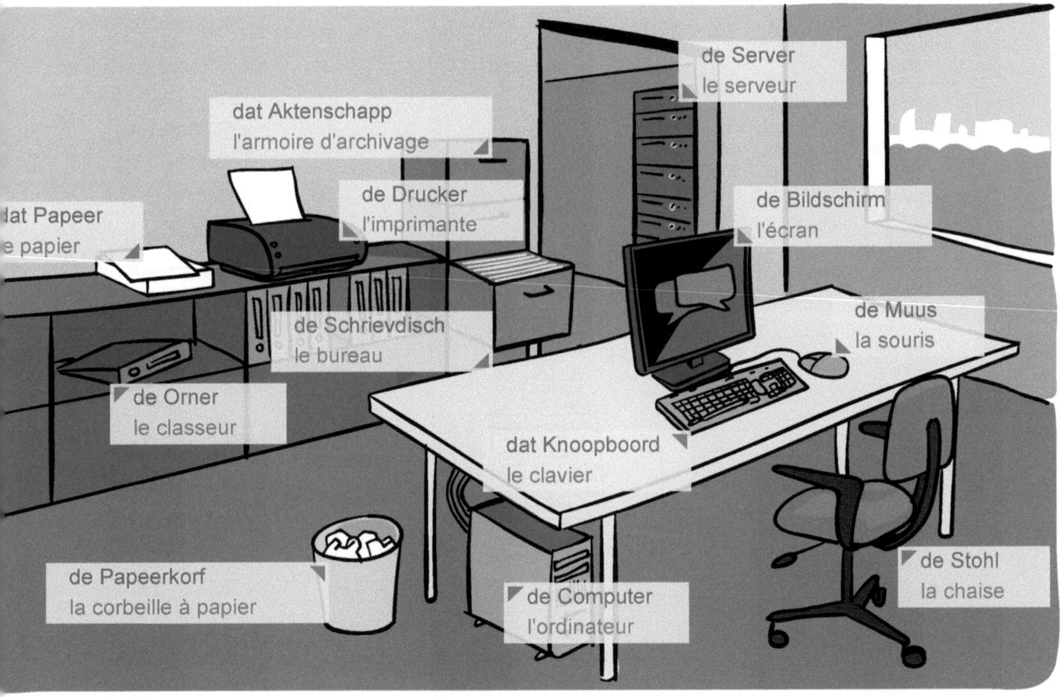

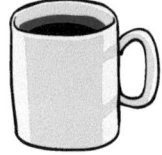

de Koffiebeker

la tasse de café

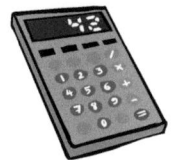

de Taschenreekner

la calculatrice

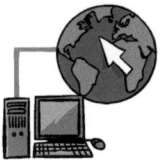

dat Internet

l'internet

de Klappreekner

l'ordinateur portable

de Breef

la lettre

de Naricht

le message

de Ackersnacker

le portable

dat Nettwark

le réseau

de Kopeerapparat

la photocopieuse

de Software

le logiciel

de Klöönkassen

le téléphone

de Steekdoos

la prise

de Faxapparat

le fax

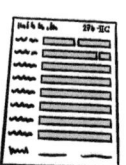

dat Formulor

le formulaire

dat Dokument

le document

köpen

acheter

betahlen

payer

hanneln

faire du commerce

dat Geld

la monnaie

de Dollar

le dollar

de Euro

l'euro

de Yen

le yen

de Ruvel

le rouble

de Swiezer Franken

le franc suisse

de Renminbi Yuan

le renminbi yuan

de Rupie

la roupie

de Geldautomat

le distributeur automatique

de Wesselstuuv

le bureau de change

dat Gold

l'or

dat Sülver

l'argent

dat Ööl

le pétrole

de Energie

l'énergie

de Pries

le prix

de Verdrag

le contrat

de Stüer

la taxe

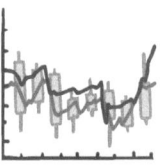

de Andeelschien

l'action

arbeiden

travailler

de Anstellte

l'employé

de Arbeitgever

l'employeur

de Fabrik

l'usine

de Hökerie

le magasin

de Profeschonen
les professions

de Wachtmeester
l'agent de police

de Füerwehrmann
le pompier

de Kock
le cuisinier

de Dokter
le médecin

de Fleger
le pilote

de Goorner

le jardinier

de Discher

le menuisier

de Neihersche

la couturière

de Richter

le juge

de Chemiker

le chimiste

de Schauspeler

l'acteur

de Busfohrer

le conducteur de bus

de Taxifohrer

le chauffeur de taxi

de Fischer

le pêcheur

de Reinmaakfru

la femme de ménage

de Dackdecker

le couvreur

de Kellner

le serveur

de Jäger

le chasseur

de Maler

le peintre

de Bäcker

le boulanger

de Elektriker

l'électricien

de Buarbeider

l'ouvrier

de Ingenieur

l'ingénieur

de Slachter

le boucher

de Klempner

le plombier

de Postbüdel

le facteur

de Suldat

le soldat

de Architekt

l'architecte

de Kasserer

le caissier

de Florist

le fleuriste

de Putzbüdel

le coiffeur

de Schaffner

le contrôleur

de Mechaniker

le mécanicien

de Kaptein

le capitaine

de Tähndokter

le dentiste

de Wetenschopler

le scientifique

de Rabbi

le rabbin

de Imam

l'imam

de Mönk

le moine

de Paap

le prêtre

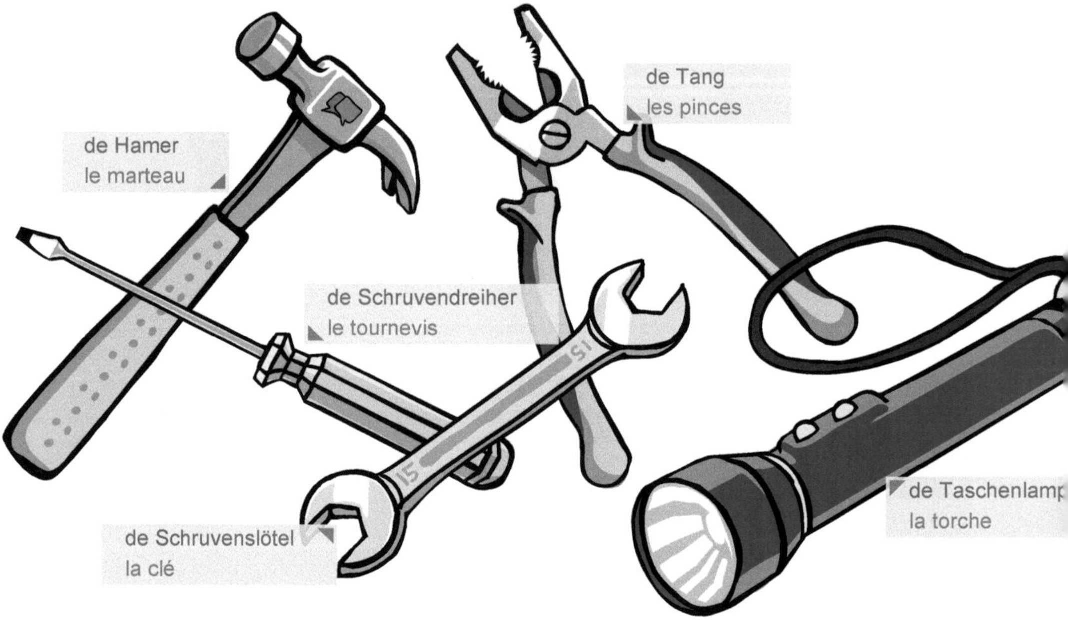

dat Warktüüch
les outils

de Hamer
le marteau

de Tang
les pinces

de Schruvendreiher
le tournevis

de Schruvenslötel
la clé

de Taschenlamp
la torche

de Grieper

la pelleteuse

de Warktüüchkassen

la boîte à outils

de Ledder

l'échelle

de Saag

la scie

de Nagels

les clous

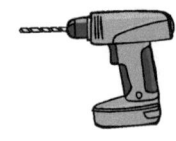

de Bohrer

la perceuse

heelmaken

réparer

de Schüffel

la pelle

Schiet!

Mince !

dat Kehrblick

la pelle

de Farvpott

le pot de peinture

de Schruven

les vis

de Musikinstrumenten
les instruments de musique

dat Slagtüüch
la batterie

de Luutsnacker
le haut-parleurs

de Rietfiedel
la guitare

de Bass-Vigelien
la contrebasse

de Trumpeet
la trompette

dat Klaveer

le piano

de Vigelien

le violon

de Bass

la basse

de Pauk

les timbales

de Trummeln

le tambour

dat Keyboard

le piano électrique

dat Saxophon

le saxophone

de Fleut

la flûte

dat Mikrofoon

le microphone

de Deertenpark

le zoo

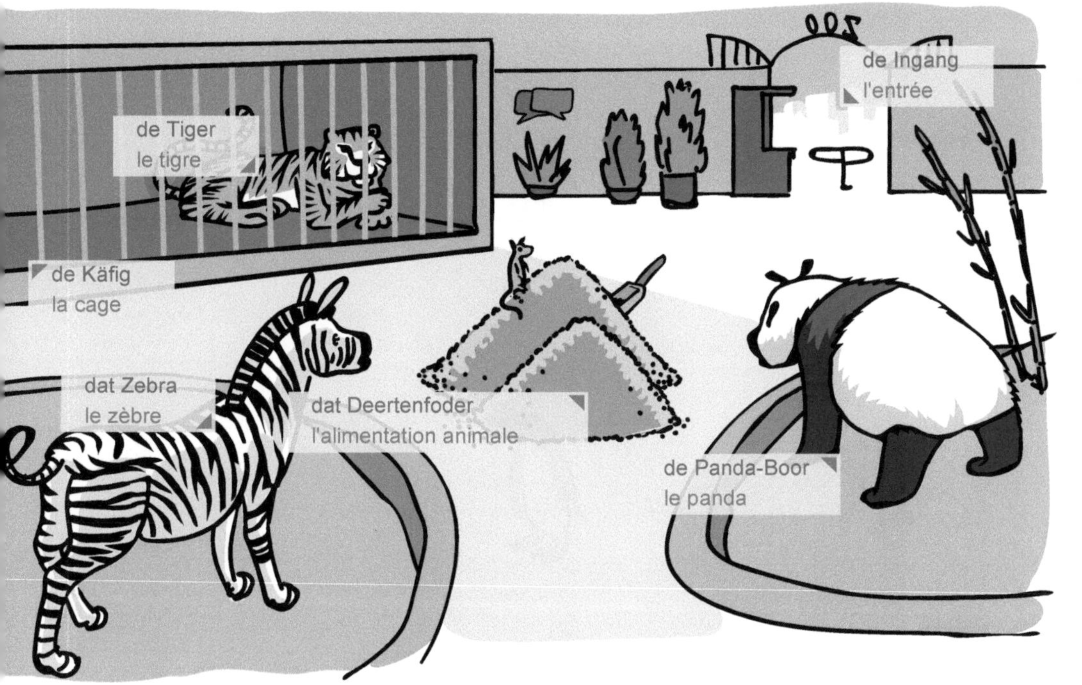
de Ingang
l'entrée
de Tiger
le tigre
de Käfig
la cage
dat Zebra
le zèbre
dat Deertenfoder
l'alimentation animale
de Panda-Boor
le panda

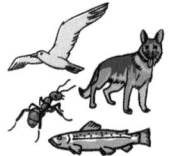

de Deerten

les animaux

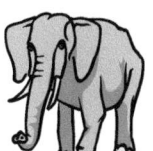

de Elefant

l'éléphant

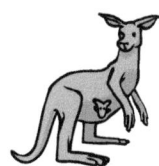

dat Känguru

le kangourou

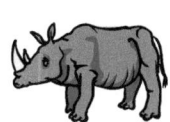

dat Neeshoorn

le rhinocéros

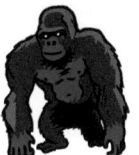

de Gorilla

le gorille

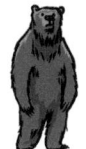

de Boor

l'ours

dat Kameel

le chameau

de Struuß

l'autruche

de Lööv

le lion

de Aap

le singe

de Flamingo

le flamand rose

de Papagoi

le perroquet

de Iesboor

l'ours polaire

de Pinguin

le pingouin

de Haifisch

le requin

de Pageluun

le paon

de Slang

le serpent

dat Krokodil

le crocodile

**de Oppasser in'n
Deertenpark**

le gardien de zoo

de Saalhund

le phoque

de Jaguor

le jaguar

dat Pony

le poney

de Leopard

le léopard

dat Nilpeerd

l'hippopotame

de Giraff

la girafe

de Aadler

l'aigle

dat Wildswien

le sanglier

de Fisch

le poisson

de Schildkrööt

la tortue

dat Walross

le morse

de Voss

le renard

de Gazell

la gazelle

de Amerikaansch Football
l'american Football

dat Radfohren
le cyclisme

dat Tennis
le tennis

de Korfball
le basket-ball

dat Swümmen
la natation

dat Boxen
la boxe

dat Ieshockey
le hockey sur glace

de Football
le football

dat Fedderball
le badminton

de Leichtathletik
l'athlétisme

de Handball
le handball

dat Skilopen
le ski

dat Polo
le polo

de Aktivitäten
les activités

lachen
rire
springen
sauter
ümarmen
embrasser
gahn
marcher
singen
chanter
drömen
rêver
beden
prier
snuteln
faire la bise

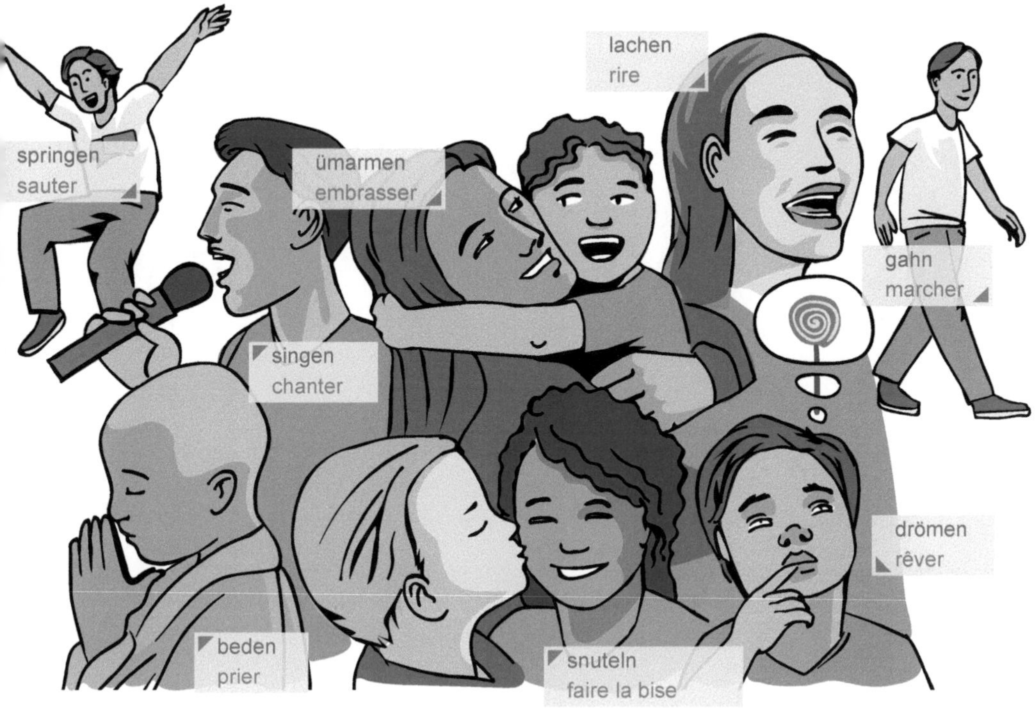

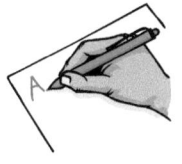

schrieven

écrire

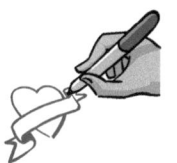

teken

dessiner

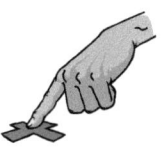

wiesen

montrer

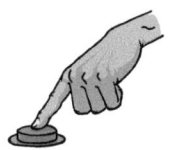

drücken

pousser

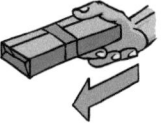

geven

donner

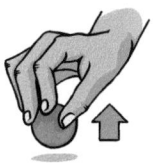

nehmen

prendre

hebben

avoir

doon

faire

sien

être

stahn

être debout

lopen

courir

trecken

trier

smieten

jeter

fallen

tomber

liggen

être couché

töven

attendre

dregen

porter

sitten

être assis

antrecken

s'habiller

slapen

dormir

opwaken

se réveiller

ankieken

regarder

wenen

pleurer

eien

caresser

kämmen

peigner

snacken

parler

verstahn

comprendre

fragen

demander

hören

écouter

drinken

boire

eten

manger

oprümen

ranger

leefhebben

aimer

kaken

cuire

fohren

conduire

flegen

voler

segeln

faire de la voile

reken

calculer

lesen

lire

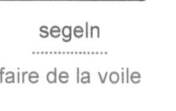

lehren

apprendre

arbeiden

travailler

de Plünnen tohoopsmieten

se marier

neihen

coudre

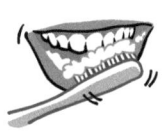

Tähnen putzen

brosser les dents

dootmaken

tuer

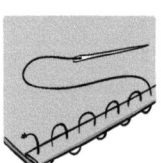

smöken

fumer

schicken

envoyer

e Grootmoder
grand-mère

de Grootvadder
le grand-père

de Vadder
le père

de Moder
la mère

t Winnelkind
bébé

de Dochter
la fille

de Söhn
le fils

de Gast

l'hôte

de Tant

la tante

de Unkel

l'oncle

de Broder

le frère

de Süster

la sœur

de Lief

le corps

de Vörkopp
le front
dat Oog
l'œil
de Schuller
l'épaule
de Finger
le doigt
dat Gesicht
le visage
dat Kinn
le menton
de Hand
la main
dat Been
la jambe
de Bost
la poitrine
de Arm
le bras

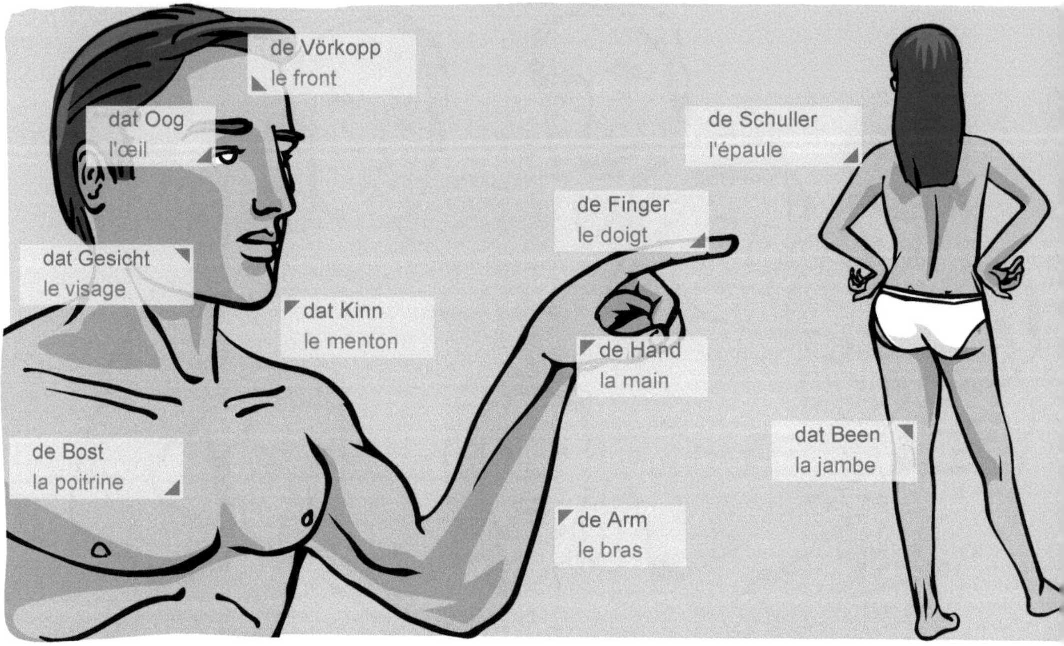

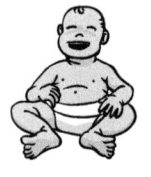

dat Winnelkind

le bébé

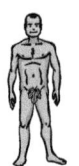

de Mann

l'homme

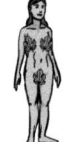

de Fro

la femme

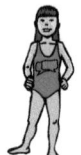

de Deern

la fille

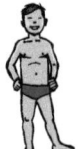

de Jung

le garçon

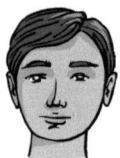

de Arm

la tête

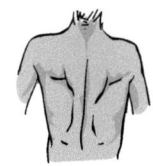

de Rüch

le dos

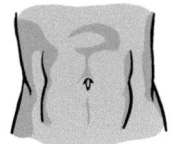

de Buuk

le ventre

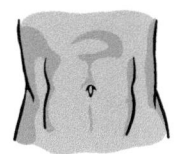

de Navel

le nombril

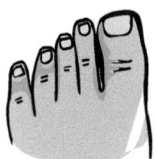

de Teh

l'orteil

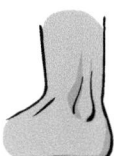

de Hack

le talon

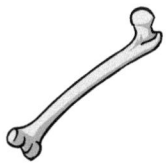

de Knaken

l'os

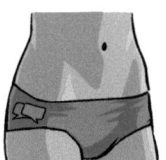

de Hüft

la hanche

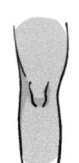

dat Knee

le genou

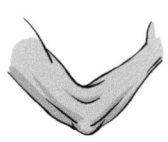

de Ellbagen

le coude

de Nees

le nez

de Achtersen

les fesses

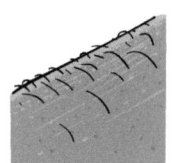

de Huut

la peau

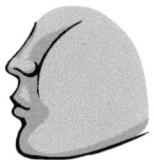

de Back

la joue

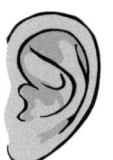

dat Ohr

l'oreille

de Lipp

la lèvre

de Mund

la bouche

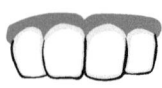

de Tähn

la dent

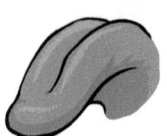

de Tung

la langue

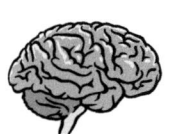

de Bregen

le cerveau

dat Hart

le cœur

de Muskel

le muscle

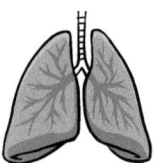

de Lung

les poumons

de Lever

le foie

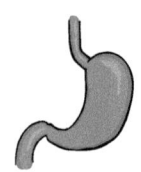

de Maag

l'estomac

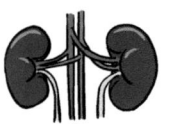

de Neren

les reins

de Bislaap

le rapport sexuel

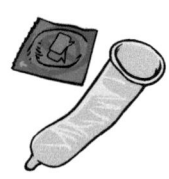

dat Kondoom

le préservatif

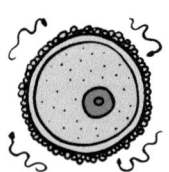

de Eizell

l'ovule

dat Sperma

le sperme

de Anner Ümstänn

la grossesse

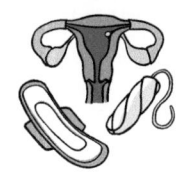

de Menstruatschoon

la menstruation

de Scheed

le vagin

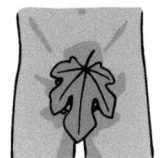

de Pint

le pénis

de Ogenbroe

le sourcil

dat Hoor

les cheveux

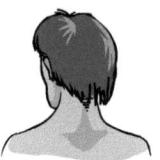

de Hals

le cou

dat Krankenhuus
l'hôpital

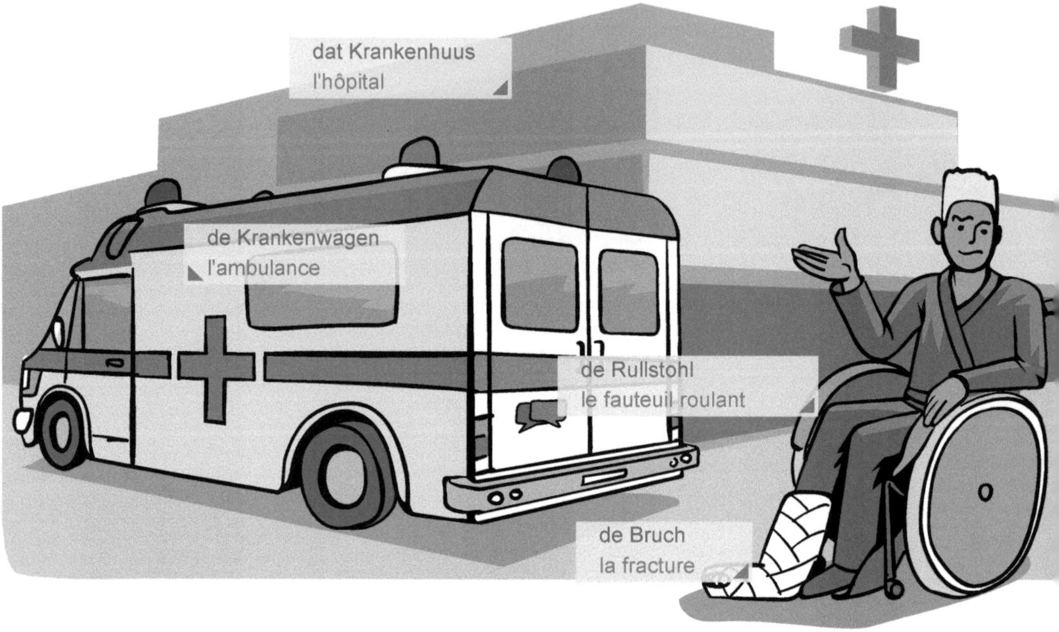

dat Krankenhuus
l'hôpital
de Krankenwagen
l'ambulance
de Rullstohl
le fauteuil roulant
de Bruch
la fracture

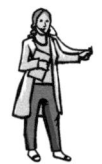

de Dokter

le médecin

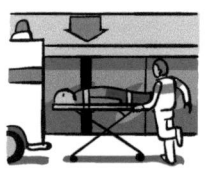

de Nootopnahm

le service des urgences

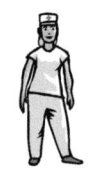

de Krankensüster

l'infirmière

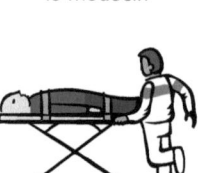

de Nootfall

l'urgence

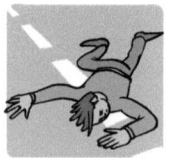

ahnmächtig

inconscient

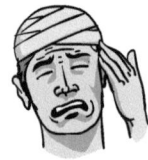

de Wehdaag

la douleur

de Verwunnen

la blessure

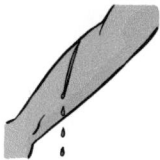

de Blöden

l'hémorragie

de Hartinfarkt

la crise cardiaque

de Slaganfall

l'attaque cérébrale

de Allergie

l'allergie

de Hoosten

la toux

dat Fever

la fièvre

de Gripp

la grippe

de Dörchfall

la diarrhée

de Koppwehdaag

le mal de tête

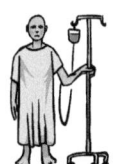

de Kreeft

le cancer

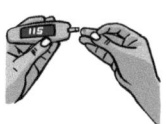

de Zuckersüük

le diabète

de Chirurg

le chirurgien

dat Chirurgsch Mess

le scalpel

de Operatschoon

l'opération

dat CT

le CT

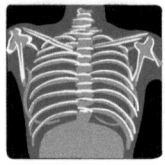

de Dörchlüchten

la radiographie

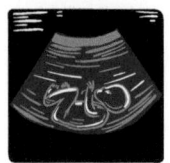

de Ultraschall

l'échographie

de Mask

le masque

de Krankheit

la maladie

de Töövruum

la salle d'attente

de Krück

la béquille

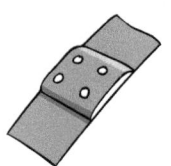

dat Plaaster

le pansement

de Verband

le pansement

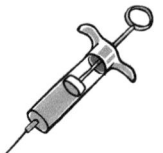

de Insprütten

l'injection

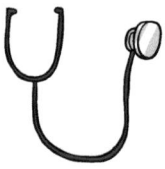

dat Stethoskop

le stéthoscope

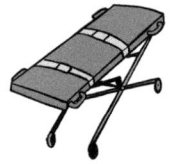

de Draag

le brancard

dat Feverthermometer

le thermomètre

de Geboort

l'accouchement

dat Övergewicht

la surcharge pondérale

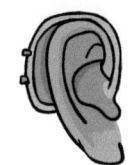

de Höörapparat

l'appareil auditif

dat Kiemfriemiddel

le désinfectant

de Ansteken

l'infection

de Virus

le virus

dat HIV / AIDS

le VIH / le sida

dat Heelmiddel

le médicament

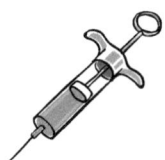

de Impen

la vaccination

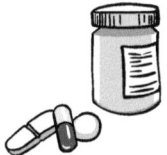

de Tabletten

les comprimés

de Pill

la pilule

de Nootroop

l'appel d'urgence

de Blootdruck-Meter

le tensiomètre

krank / gesund

malade / sain

Hölp!

Au secours !

de Alarm

l'alarme

de Överfall

l'assaut

de Angreep

l'attaque

de Gefohr

le danger

de Nootutgang

la sortie de secours

dat Füer!

Au feu!

de Füerlöscher

l'extincteur

de Unfall

l'accident

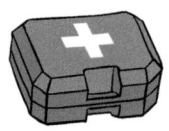

de Noothölpkoffer

la trousse de premier secours

SOS

SOS

de Polizei

la police

Europa

l'Europe

Noordamerika

l'Amérique du Nord

Süüdamerika

l'Amérique du Sud

Afrika

l'Afrique

Asien

l'Asie

Australien

l'Australie

de Atlantik

l'Océan atlantique

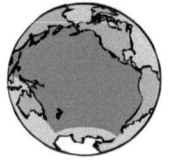

de Pazifik

l'Océan pacifique

dat Indisch Weltmeer

l'Océan indien

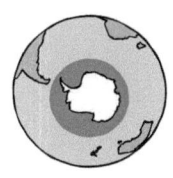

dat Antarktisch Weltmeer

l'Océan antarctique

dat Arktisch Weltmeer

l'Océan arctique

de Noordpol

le Pôle nord

de Süüdpol

le Pôle sud

de Antarktis

l'Antarctique

de Eerd

la terre

dat Land

le pays

de See

la mer

dat Eiland

l'île

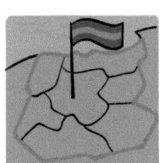

de Natschoon

la nation

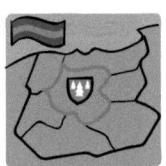

de Staat

l'état

dat Tallenblatt

le cadran

de Stunnenwieser

l'aiguille des heures

de Minutenwieser

l'aiguille des minutes

de Sekunnenwieser

l'aiguille des secondes

Wo laat is dat?

Quelle heure est-il ?

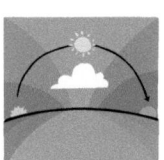

de Dag

le jour

de Tiet

le temps

nu

maintenant

de digetaalsch Klock

la montre digitale

de Minuut

la minute

de Stunn

l'heure

de Week
la semaine

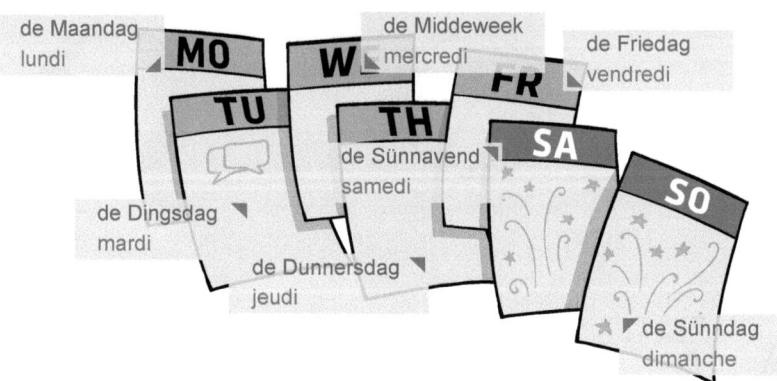

de Maandag — lundi
de Middeweek — mercredi
de Friedag — vendredi
de Dingsdag — mardi
de Sünnavend — samedi
de Dunnersdag — jeudi
de Sünndag — dimanche

güstern

hier

hüüt

aujourd'hui

morgen

demain

de Morgen

le matin

de Meddag

le midi

de Avend

le soir

de Arbeitsdaag

les jours ouvrables

dat Wekenenn

le week-end

dat Johr
l'année

de Regen
la pluie
de Regenbagen
l'arc-en-ciel
de Snee
la neige
de Wind
le vent
dat Fröhjohr
le printemps
de Harvst
l'automne
de Sommer
l'été
de Winter
l'hiver

4.APRIL 11°
5.APRIL 4°
6.APRIL 13°
7.APRIL 8°
8.APRIL 10°

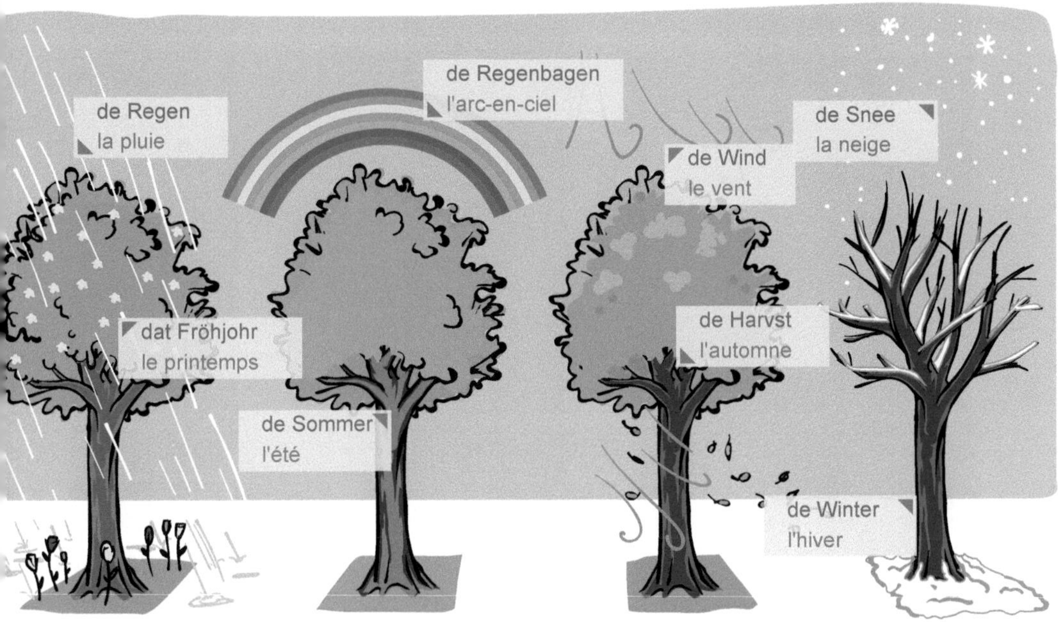

de Wedervörhersaag

la météo

F C
120 90 60 30 0 -30
40 30 20 10 0 -10 -20

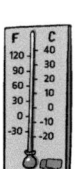

dat Thermometer

le thermomètre

de Sünnenschien

la lumière du soleil

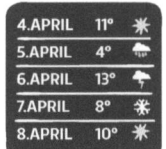

de Wulk

le nuage

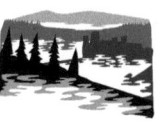

de Nevel

le brouillard

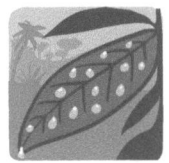

de Luftfuchtigkeit

l'humidité

de Blitz

la foudre

de Dunner

la tonnerre

de Storm

la tempête

de Hagel

la grêle

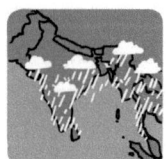

de Monsun

la mousson

de Floot

l'inondation

dat les

la glace

de Januormaand

janvier

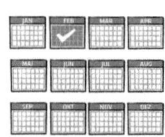

de Februormaand

février

de Martmaand

mars

de Aprilmaand

avril

de Maimaand

mai

de Junimaand

juin

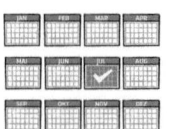

de Julimaand

juillet

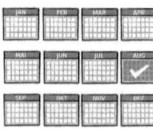

de Augustmaand

août

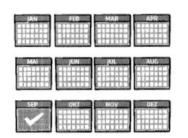

de Septembermaand
....
septembre

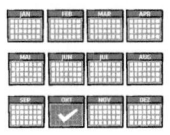

de Oktobermaand
....
octobre

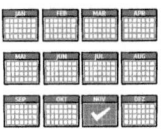

de Novembermaand
....
novembre

de Dezembermaand
....
décembre

de Formen
les formes

de Krink
....
le cercle

dat Quadrat
....
le carré

dat Rechteck
....
le rectangle

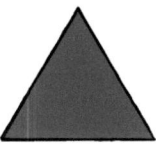

dat Dreeeck
....
le triangle

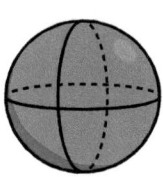

de Kugel
....
la sphère

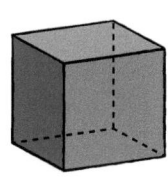

de Wörpel
....
le cube

witt

blanc

geel

jaune

orangsch

orange

pink

rose

root

rouge

lila

violet

blau

bleu

gröön

vert

bruun

marron

gries

gris

swart

noir

veel / wenig

beaucoup / peu

böös / verdreeglich

fâché / calme

smuck / mies

joli / laid

de Begünn / dat Enn

le début / la fin

groot / lütt

grand / petit

hell / düüster

clair / obscure

de Broder / de Süster

frère / soeur

schier / schietig

propre / sale

kumpleet / nich kumpleet

complet / incomplet

de Dag / de Nacht

le jour / la nuit

doot / lebennig

mort / vivant

breet / small

large / étroit

geneetbor / nich geneetbor

comestible / incomestible

böös / fründlich

méchant / gentil

fickerig / langwielt

excité / ennuyé

dick / dünn

gros / mince

toeerst / toletzt

le premier / le dernier

de Fründ / de Fiend

l'ami / l'ennemi

vull / leddig

plein / vide

hart / week

dur / souple

swoor / licht

lourd / léger

de Smacht / de Döst

faim / soif

krank / gesund

malade / sain

nich na't Recht / na't Recht

illégal / légal

klook / dummerhaftig

intelligent / stupide

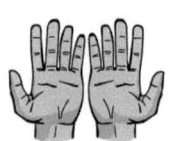

linkerhand / rechterhand

gauche / droite

neeg / feern

proche / loin

nieg / bruukt

nouveau / usé

nix / wat

rien / quelque chose

oolt / jung

vieux / jeune

an / ut

marche / arrêt

apen / slaten

ouvert / fermé

lies / luut

faible / fort

riek / arm

riche / pauvre

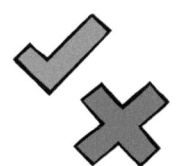

richtig / verkehrt

correct / incorrect

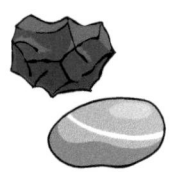

ruug / glatt

rugueux / lisse

trurig / glücklich

triste / heureux

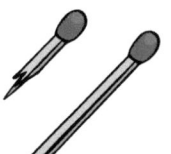

kort / lang

court / long

suutje / flink

lent / rapide

natt / dröög

mouillé / sec

warm / köhl

chaud / froid

de Krieg / de Freden

la guerre / la paix

0

null

zéro

1

een

un / une

2

twee

deux

3

dree

trois

4

veer

quatre

5

fief

cinq

6

söss

six

7

söven

sept

8

acht

huit

9

negen

neuf

10

teihn

dix

11

ölven

onze

12

twölf

douze

13

dörteihn

treize

14

veerteihn

quatorze

15

föffteihn

quinze

16

sössteihn

seize

17

söventeihn

dix-sept

18

achtteihn

dix-huit

19

negenteihn

dix-neuf

20

twintig

vingt

100

hunnert

cent

1.000

dusend

mille

1.000.000

million

le million

dat Engelsch

l'anglais

dat Amerikaansch Engelsch

l'anglais américain

dat Chineesch Mandarin

le chinois mandarin

dat Hindi

le hindi

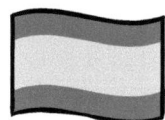

dat Spaansch

l'espagnol

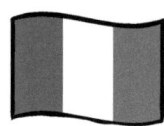

dat Franzöösch

le français

dat Araabsch

l'arabe

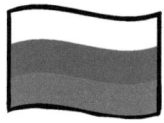

dat Rusch

le russe

dat Portugiesch

le portugais

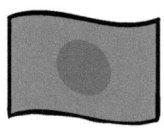

dat Bengaalsch

le bengali

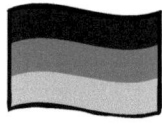

dat Düütsch

l'allemand

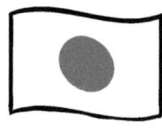

dat Japaansch

le japonais

ik
....
je

du
....
tu

he / se / dat
....
il / elle / ce, c', cela

wi
....
nous

ji
....
vous

se
....
ils / elles

keen?
....
Qui ?

wat?
....
Quoi ?

woans?
....
Comment ?

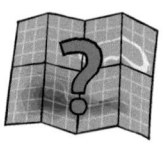

woneem?
....
Où ?

wannehr?
....
Quand ?

de Naam
....
le nom

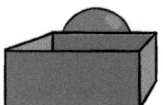

achter

derrière

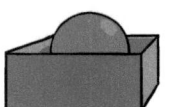

in

dans

vör

devant

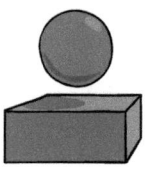

över

au-dessus

op

sur

ünner

en-dessous

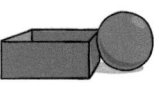

blangen

à côté de

twüschen

entre

de Oort

le lieu